Impressum
Verlag: BABADADA GmbH, Nedderfeld 112 , 22529 Hamburg
Geschäftsführer / Verlagsleitung: Harald Hof
Druck: Books on Demand GmbH, In de Tarpen 42, 22848 Norderstedt

Imprint
Publisher: BABADADA GmbH, Nedderfeld 112 , 22529 Hamburg, Germany
Managing Director / Publishing direction: Harald Hof
Print: Books on Demand GmbH, In de Tarpen 42, 22848 Norderstedt, Germany

sekolah
de School

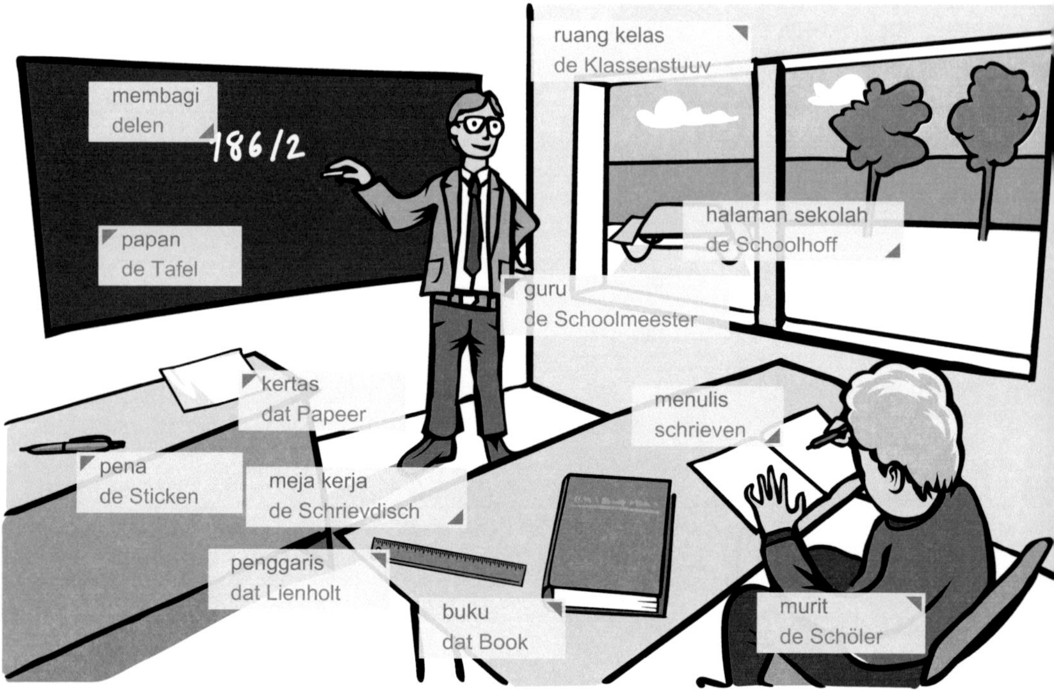
ruang kelas
de Klassenstuuv
membagi
delen
186/2
papan
de Tafel
halaman sekolah
de Schoolhoff
guru
de Schoolmeester
kertas
dat Papeer
menulis
schrieven
pena
de Sticken
meja kerja
de Schrievdisch
penggaris
dat Lienholt
buku
dat Book
murit
de Schöler

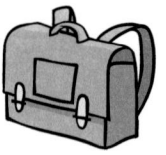

tas sekolah

de Ranzel

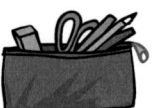

tempat pensil

de Feddermapp

pensil

de Bleesticken

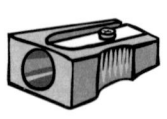

pengasah pensil

de Scharpmaker

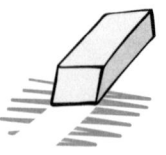

penghapus

dat Radeergummi

kertas gambar

de Tekenblock

gambar

de Teken

kuas

de Pinsel

kotak cat

de Malkassen

gunting

de Scheer

lem

de Klever

buku latihan

dat Heft to'n Öven

pekerjaan rumah

de Huusopgaav

angka

de Tall

tambhakan

tohooptellen

mengurangi

aftrecken

mengalikan

malnehmen

menghitung

reken

huruf

de Bookstaav

alfabet

dat ABC

hello

kata

dat Woort

teks

de Text

membaca

lesen

kapur

de Kried

pelajaran

de Stunn

daftar

dat Klassenbook

ujian

de Pröven

sertifikat

dat Tüügnis

seragam sekolah

de Schooluniform

pendidikan

de Utbillen

ensiklopedi

dat Nakieksel

universitas

de Universität

mikroskop

dat Mikroskop

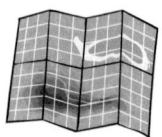

peta

de Koort

tempat sampah

de Papeerkorf

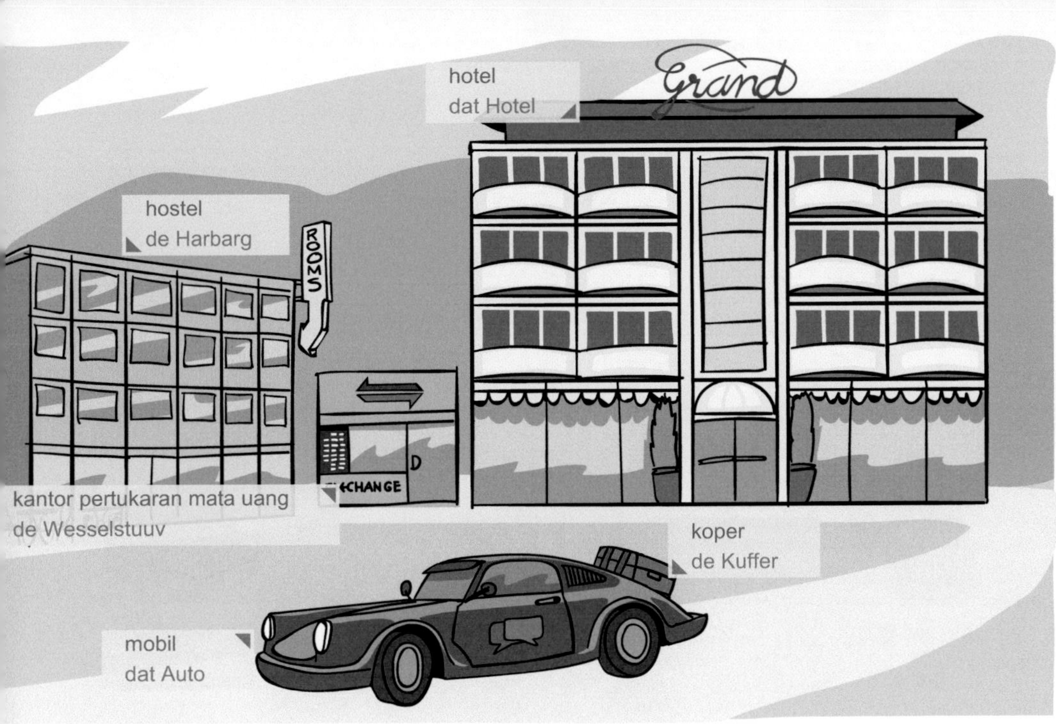

hotel
dat Hotel
Grand
hostel
de Harbarg
ROOMS
kantor pertukaran mata uang
de Wesselstuuv
EXCHANGE
koper
de Kuffer
mobil
dat Auto

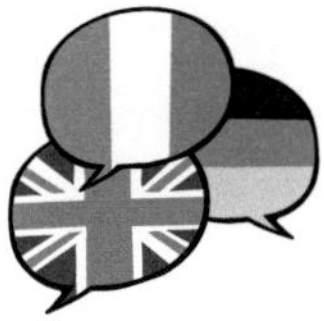

bahasa

de Spraak

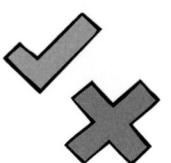

ya / tidak

jo / ne

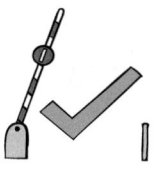

okay

Jo

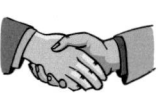

hallo

Moin

penerjemah

de Översetter

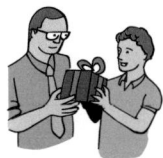

terima kasih

Dank ok

Berapa harganya…?

Wat kost…?

saya tidak mengerti

Ik verstah nich

masalah

dat Problem

Selamat malam!

Goden Avend

Selamat siang!

Moin!

Selamat tidur!

Gode Nacht!

sampai jumpa

Tschüüs

arah

de Richt

bagasi

de Bagaasch

tas

de Tasch

ransel

de Rüchsack

tamu

de Gast

ruang

de Stuuv

kantong tidur

de Slaapsack

tenda

dat Telt

informasi wisata

e Touristeninformatschoon

pantai

de Strand

kartu kredit

de Kreditkoort

sarapan

dat Fröhstück

makan siang

dat Meddageten

makan malam

dat Avendeten

tiket

de Fohrkort

elevator

de Fohrstohl

perangko

de Breefmark

perbatasan

de Grenz

cukai

de Toll

kedutaan

de Bottschop

visa

dat Visum

paspor

de Pass

transportasi
de Transport

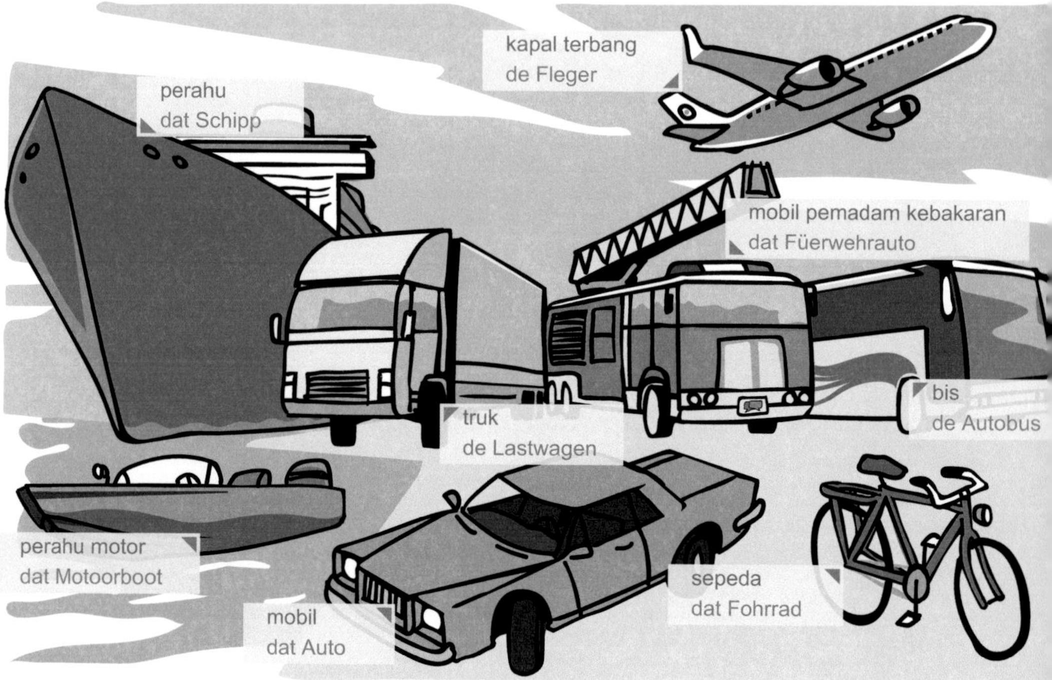
kapal terbang
de Fleger
perahu
dat Schipp
mobil pemadam kebakaran
dat Füerwehrauto
bis
de Autobus
truk
de Lastwagen
perahu motor
dat Motoorboot
sepeda
dat Fohrrad
mobil
dat Auto

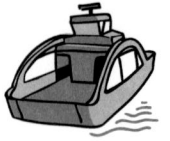

feri

de Fähr

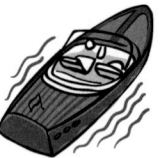

perahu

dat Boot

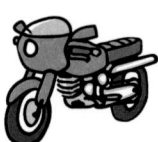

sepeda motor

dat Motoorrad

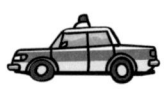

mobil polisi

dat Polizeiauto

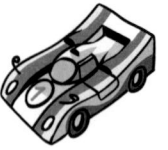

mobil balapan

dat Rönnauto

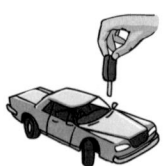

mobil sewa

de Lehnwagen

berbagi mobil

dat Carsharing

truk derek

de Afsleepwagen

truk sampah

dat Müllauto

motor

de Motoor

bahan bakar

de Kraftstoff

bensin

de Tanksteed

tanda lalulintas

dat Verkehrsschild

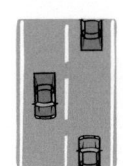

lalulintas

de Verkehr

macet

de Stau

parkir mobil

de Afstellplatz

stasiun kereta

de Bahnhoff

trek

de Sporen

kereta api

de Tog

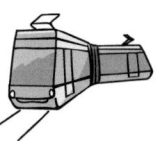

tram

de Stratenbahn

gerobak

de Wagon

helikopter

de Dwarsmöhl

bendara

de Flooghaven

menara

de Tower

penumpang

de Fohrgast

container

de Grootkist

karton

de Karton

troli

de Koor

keranjang

de Korf

berangkat / mendarat

starten / lannen

kota
de Stadt

desa

dat Dörp

pusat kota

de Binnenstadt

rumah

dat Huus

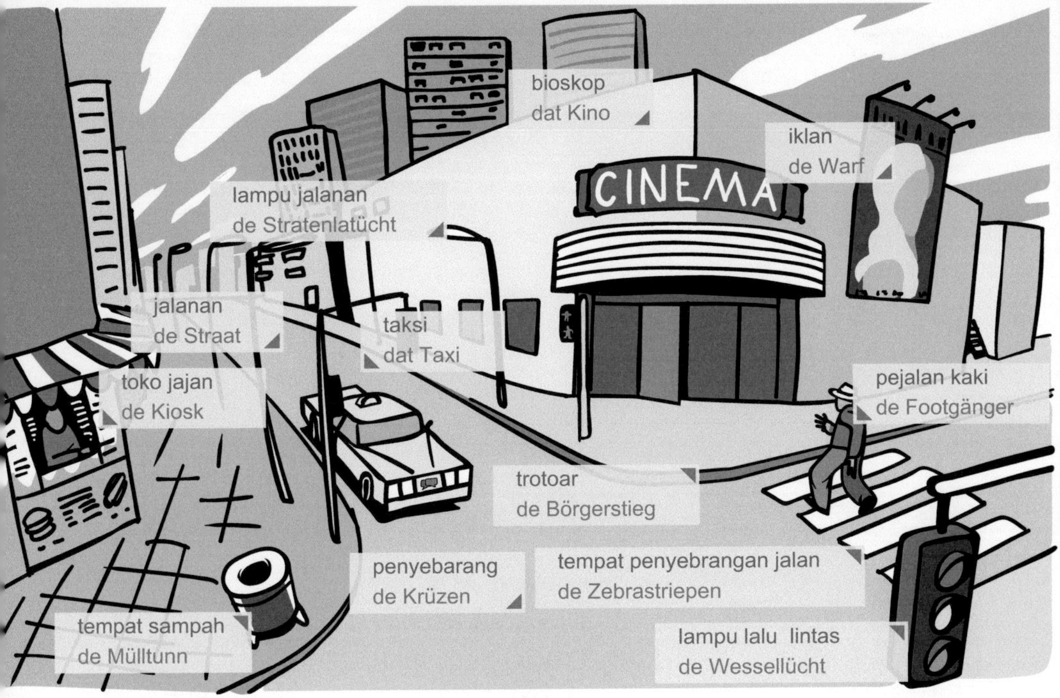

bioskop
dat Kino

iklan
de Warf

lampu jalanan
de Stratenlatücht

CINEMA

jalanan
de Straat

taksi
dat Taxi

toko jajan
de Kiosk

pejalan kaki
de Footgänger

trotoar
de Börgerstieg

penyebarang
de Krüzen

tempat penyebrangan jalan
de Zebrastriepen

tempat sampah
de Mülltunn

lampu lalu lintas
de Wessellücht

gubuk
de Hütt

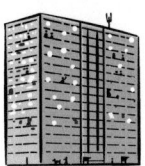

rumah flat
de Wahnung

stasiun kereta
de Bahnhoff

balai kota
dat Raathuus

museum
dat Museum

sekolah
de School

universitas

de Universität

bank

de Bank

rumah sakit

dat Krankenhuus

hotel

dat Hotel

farmasi

de Afteek

kantor

dat Büro

toko buku

de Bookhökerie

toko

de Hökerie

toko bunga

de Blomenhökerie

supermarket

de Supermarkt

pasar

de Markt

toko serba ada

dat Koophuus

nelayan

de Fischhökerie

pusat belanja

dat Inkoopszentrum

pelabuhan

de Haven

kota - de Stadt

taman

de Parkanlaag

banku

de Bank

jembatan

de Brüch

tangga

de Trepp

kereta bawah tanah

de Ünnergrundbahn

terowongan

de Tunnel

pemberhantian bis

de Busstoppsteed

bar

de Bar

restauran

dat Spieslokal

kotak surat

de Breefkassen

tanda jalan

dat Stratenschild

meteran parkir

de Parkklock

kebun binatang

de Deertenpark

kolam renang

de Baadanstalt

mesjid

de Moschee

pertanian

de Buernhoff

polusi

de Ümweltversmudden

kuburan

de Karkhoff

gereja

de Kark

tempat bermain

de Speelplatz

pura

de Tempel

pemandangan
de Landschop

daun
dat Blatt

penunjuk arah
de Wiespahl

jalanan
de Weg

padang rumput
de Wisch

batu
de Steen

pohon
de Boom

pejalak kaki
de Wannerer

sungai
de Fluss

rumput
dat Gras

bunga
de Bloom

lembah

dat Daal

bukit

de Barg

danau

de See

hutan

dat Holt

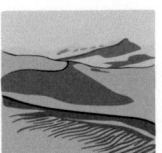

padang gurun

de Wööst

gunung berapi

de Füerspien Barg

istana

dat Slott

pelangi

de Regenbagen

jamur

de Poggenstohl

pohon palem

de Palm

nyamuk

de Steekmück

lalat

de Fleeg

semut

de Miegeemk

lebah

de Imm

laba-laba

de Spinn

kumbang

de Sebber

kodok

de Pogg

tupai

de Katteker

landak

de Swienegel

kelinci

de Haas

burung hantu

de Uul

burung

de Vagel

angsa

de Swaan

babi jantan

dat Wildswien

rusa

de Hirsch

rusa

de Elk

bendungan

de Staudamm

turbin angin

dat Windrad

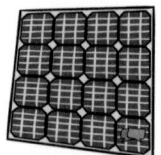

panel surya

dat Solarmodul

iklim

dat Klima

restauran

dat Spieslokal

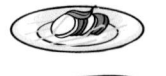

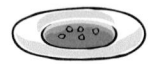

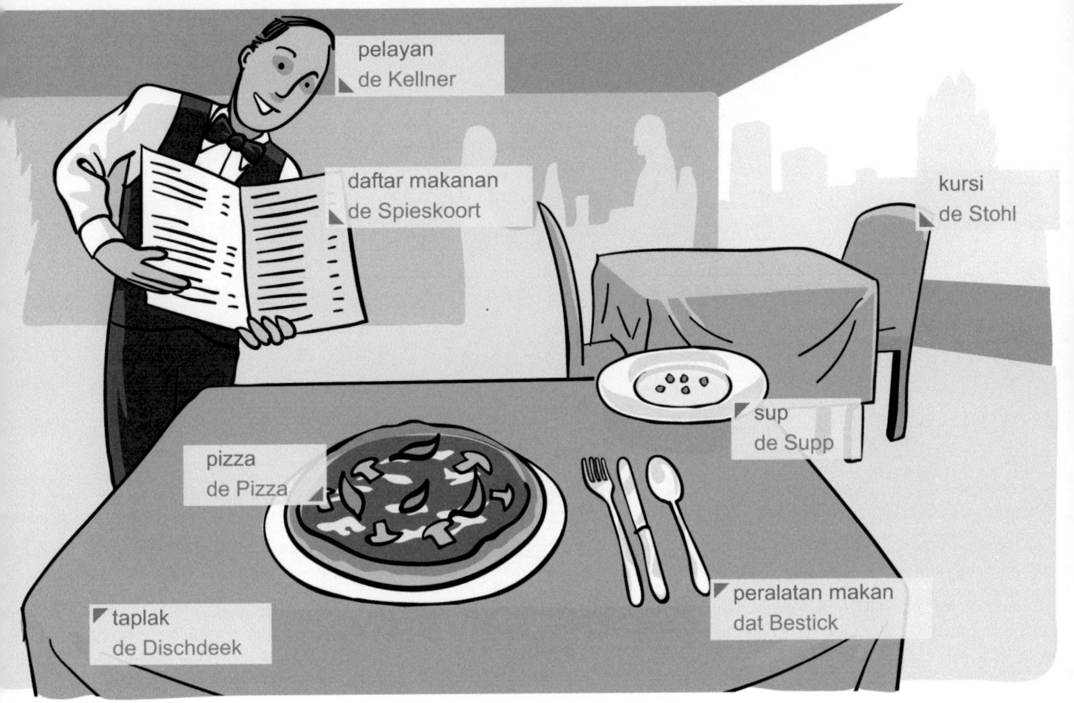
pelayan
de Kellner
daftar makanan
de Spieskoort
kursi
de Stohl
sup
de Supp
pizza
de Pizza
taplak
de Dischdeek
peralatan makan
dat Bestick

hindangan pembuka

de Vörspies

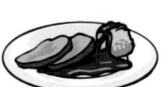

hidangan utama

dat Haupteten

hidangan penutup

de Nadisch

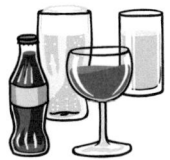

minuman

de Drünk

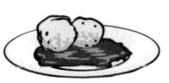

makanan

dat Eten

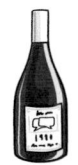

botol

de Buddel

fastfood

dat Fastfood

masakan jalanan

dat Strateneten

teko teh

de Teekann

kaleng gula

de Zuckerdoos

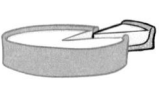

porsi

de Portschoon

mesin espresso

de Espressomaschien

kursi tinggi

de Hoochstohl

tagihan

de Reken

baki

dat Tablett

pisau

dat Mess

garpu

de Gavel

sendok

de Lepel

sendok teh

de Teelepel

serbet

dat Munddook

gelas

dat Glas

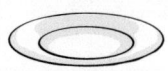

piring
de Töller

piring sup
de Suppentöller

lepek
de Ünnertass

saus
de Sooß

tempat garam
de Soltstreuer

gilingan merica
de Pepermöhl

cuka
de Etig

minyak
dat Ööl

bumbu
de Krüder

saus tomat
de Ketchup

mustar
de Mostrich

mayones
de Mayonnaise

supermarket
de Supermarkt

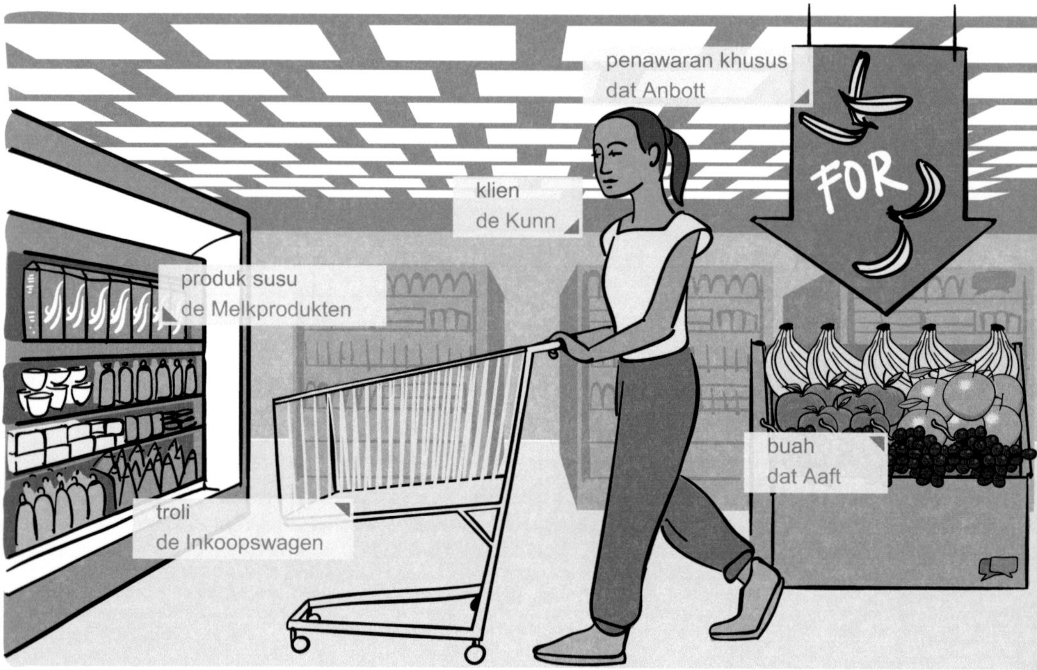

penawaran khusus
dat Anbott
FOR
klien
de Kunn
produk susu
de Melkprodukten
buah
dat Aaft
troli
de Inkoopswagen

BUTCHERS

pembantai

de Slachterie

BAKERY

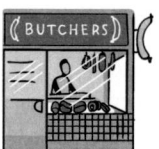

toko roti

de Bäckerie

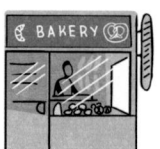

menimbang

wegen

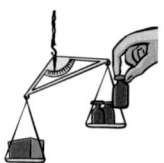

sayur

de Gröönsaken

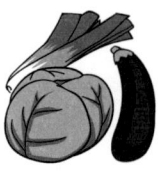

daging

dat Fleesch

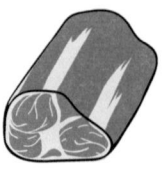

makanan beku

de Deepköhlkost

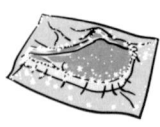

pemotongan dingin

de Opsnitt

makanan kaleng

de Konserven

sabun serbuk

de Waschmiddel

permen

de Snoopkraam

alat-alat rumah tangga

de Huushooltssaken

obat pembersihan

de Reinmaaktüüch

penjual

de Verköpersche

kasa

de Kass

kasir

de Kasserer

daftar belanja

de Inkoopslist

jam buka

de Opsparrtieden

dompet

de Breeftasch

kartu kredit

de Kreditkoort

tas

de Tasch

kantong plastik

de Plastiktüüt

air

dat Water

jus

de Saft

susu

de Melk

cola

de Cola

anggur

de Wien

bir

dat Beer

alkohol

de Spriet

coklat

de Kakao

teh

de Tee

kopi

de Koffie

espresso

de Espresso

cappucino

de Cappucino

pisang

de Banaan

apel

de Appel

jeruk

de Appelsien

semangka

de Meloon

jeruk lemon

de Zitroon

wortel

de Wöttel

bawang putih

de Knuuvlook

bambu

de Bambus

bawang bombai

de Zibbel

jamur

de Poggenstohl

kacang

de Nööt

mi

de Nudeln

spagetti

de Spaghetti

nasi

de Ries

salat

de Salat

kentang goreng

de Pommes frites

kentang goreng

de Braadkantüffeln

pizza

de Pizza

hamburger

de Hamborger

sandwich

dat Sandwich

sayatan

dat Snitzel

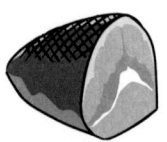

ham

de Schinken

salami

de Salami

sosis

de Wust

ayam

dat Hohn

menggoreng

de Braden

ikan

de Fisch

bubur gandum

de Haverflocken

sereal

dat Müsli

cornflakes

de Cornflakes

tepung

dat Mehl

croissant

de Croissant

roti

dat Rundstück

roti

dat Broot

toast

dat Toast

biskuit

de Keksen

mentega

de Botter

dadih

de Quark

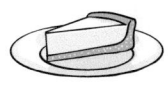

kue

de Koken

telur

dat Ei

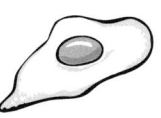

telur goreng

dat Spegelei

keju

de Kees

eskrim

de Ies

gula

de Zucker

madu

de Honnig

selai

de Marmelaad

krim nugat

de Nougat-Creme

kare

dat Curry

pertanian

de Buernhoff

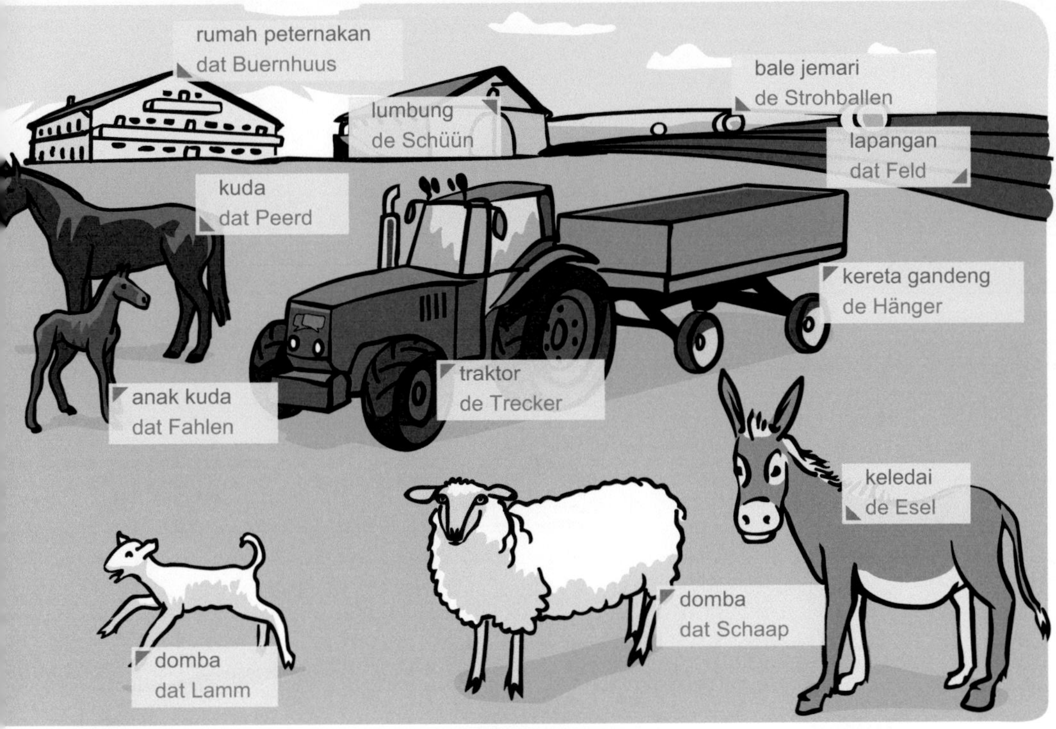
rumah peternakan
dat Buernhuus
lumbung
de Schüün
bale jemari
de Strohballen
lapangan
dat Feld
kuda
dat Peerd
kereta gandeng
de Hänger
traktor
de Trecker
anak kuda
dat Fahlen
keledai
de Esel
domba
dat Schaap
domba
dat Lamm

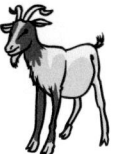

kambing

de Zeeg

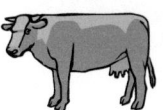

sapi

de Koh

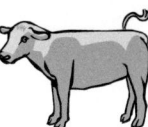

betis

dat Kalf

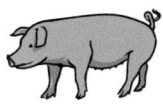

babi

dat Swien

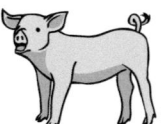

celeng

dat Farken

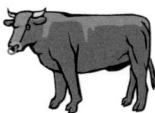

banteng

de Bull

angsa

de Goos

bebek

de Aant

anak ayam

dat Küken

ayam

dat Hohn

ayam jantan

de Hahn

tikus

de Rott

kucing

de Katt

tikus

de Muus

lembu

de Oss

anjing

de Hund

rumah anjing

de Hunnenhütt

selang

de Goornslauch

penyiram

de Geetkann

sabit

de Lee

bajak

de Ploog

pertanian - de Buernhoff

sabit

de Sich

cangkul

de Hack

garpu rumput

de Mestfork

kapak

de Ext

gerobak

de Schuufkoor

palung

de Trog

kaleng susu

de Melkkann

karung

de Sack

pagar

de Tuun

kandang

de Stall

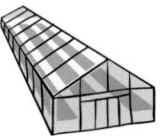

rumah kaca

dat Drievhuus

tanah

de Bodden

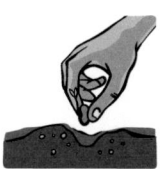

benih

de Saat

pupuk

de Dünger

mesin pemanen

de Meihdöscher

panen

oornen

panen

de Oorn

yams

de Yamswöttel

gandum

de Weten

kedelai

dat Soja

kentang

de Kantüffel

jagung

de Törksche Weten

lobak

de Rapp

pohon buah

de Aaftboom

singkong

de Troopsch Kantüffel

sereal

dat Koorn

rumah

dat Huus

cerobong
de Schosteen
atap
dat Dack
pipa talang
de Regenrönn
jendela
dat Finster
garasi
de Garaasch
bel pintu
de Döörklock
pintu
de Döör
sampah
de Müllemmer
kotak surat
de Breefkassen
kebun
de Goorn

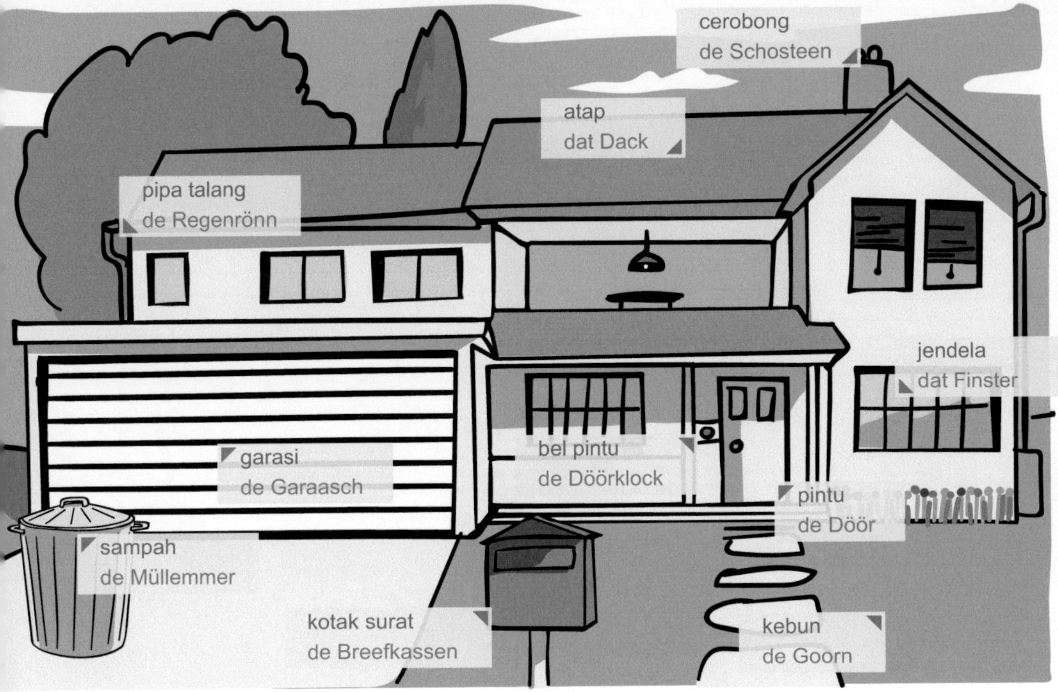

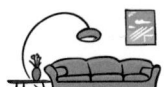

ruang tamu

de Wahnstuuv

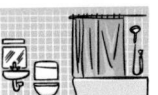

kamar mandi

de Baadstuuv

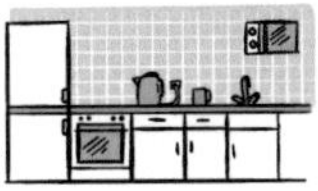

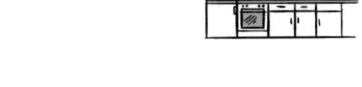

dapur

de Köök

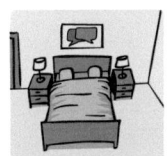

kamar tidur

de Slaapstuuv

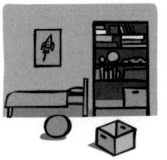

kamar anak

de Kinnerstuuv

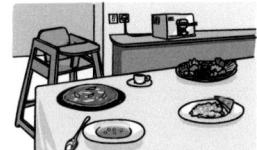

kamar makan

de Eetstuuv

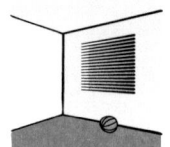

lantai

de Footbodden

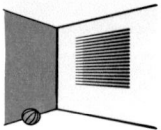

tembok

de Wand

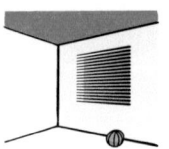

atap

de Deek

gudang di bawah tanah

de Keller

sauna

dat Hittluftbad

balkon

de Balkon

teras

de Terrass

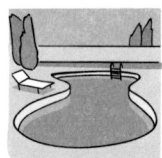

kolam renang

dat Swümmbad

mesin pemotong rumput

de Rasenmeiher

sprei

de Bettbetog

selimut

de Bettdeek

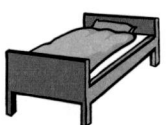

tempat tidur

de Puuch

sapu

de Bessen

ember

de Emmer

tombol

de Schalter

ruang tamu
de Wahnstuuv

kertas dinding
de Tapeet
gambar
dat Bild
lampu
de Lamp
rak
dat Regal
kabinet
dat Schapp
televisi
de Kiekkassen
perapian
de Kamin
bunga
de Bloom
bantal
dat Küssen
sofa
dat Sofa
vas
de Vaas
remote control
de Feernbedenen

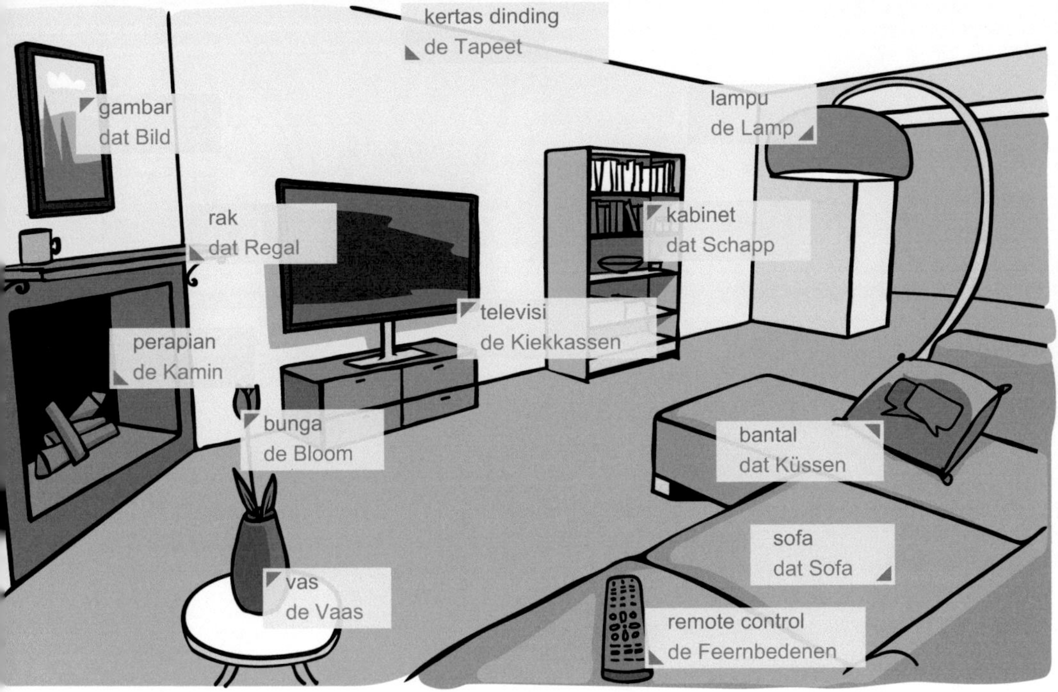

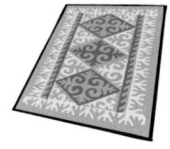

karpet

de Teppich

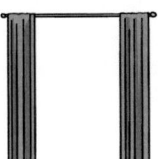

korden

de Vörhang

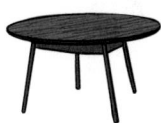

meja

de Disch

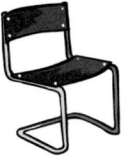

kursi

de Stohl

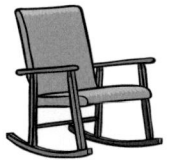

kursi goyang

de Schuckelstohl

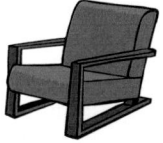

kursi malas

de Sessel

buku

dat Book

selimut

de Deek

dekorasi

de Dekoratschoon

kayu bakar

dat Füerholt

filem

de Film

hi-fi

de Stereoanlaag

kunci

de Slötel

koran

dat Narichtenblatt

lukisan

dat Gemälde

poster

dat Poster

radio

dat Radio

buku tulis

de Opschrievblock

penyedot debu

de Huulbessen

kaktus

de Kaktus

lilin

de Kars

dapur
de Köök

kulkas
dat Köhlschapp
mesin pemanggang
de Mikrowell
timbangan
de Kökenwaag
pemanggang roti
de Toaster
deterjen
dat Reinmaakmiddel
kompor
de Backaven
lemari es
dat Gefreerfack
sampah
de Müllemmer
mesin pencuci piring
de Opwaschmaschien

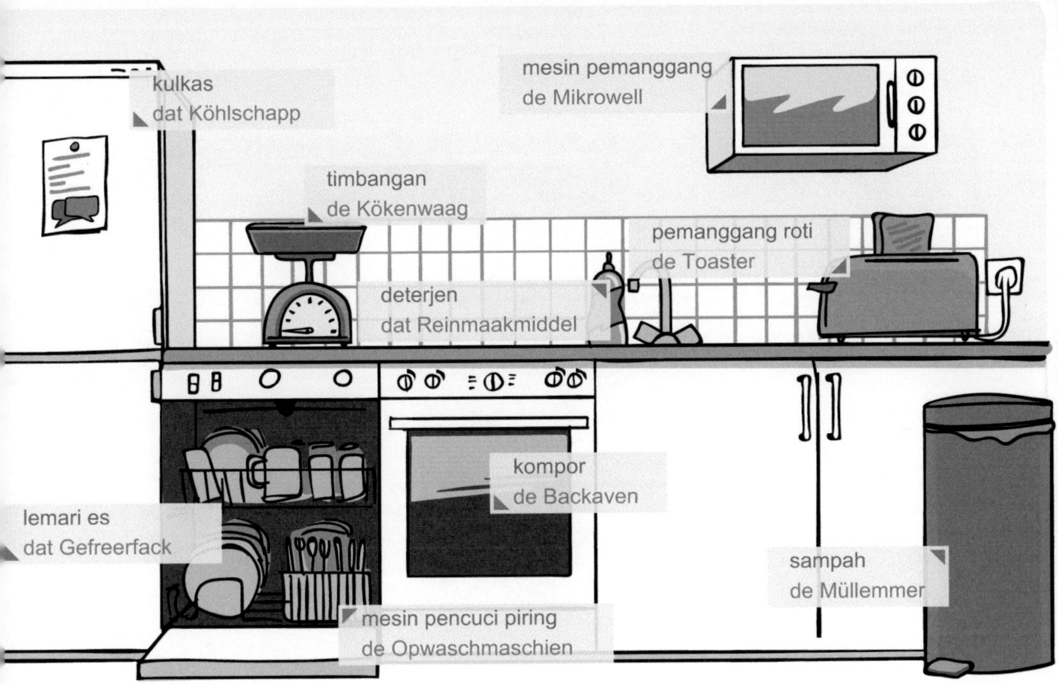

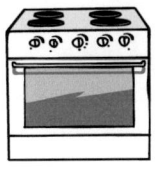

kompor
de Heerd

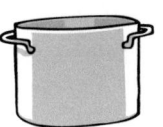

panci
de Pott

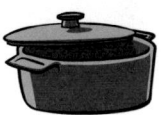

panci besi
de Gussiesern Putt

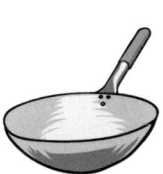

wajan
de Wok / Kadai

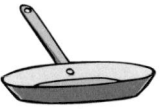

panci
de Pann

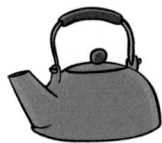

pemanas air
de Waterkaker

panci pengukus makanan

de Dampkaakputt

nampan

dat Backblick

piring

dat Geschirr

cangkir

de Beker

mangkok

de Schaal

sumpit

de Eetsticken

sendok sup

de Suppenkell

sudip

de Pannenwenner

mengocok

de Sneebessen

saringan

dat Kaakseef

saringan

dat Seef

parutan

de Riev

mortir

de Mörser

barbeque

de Grill

api terbuka

de Füerstell

papan memotong

dat Sniedbrett

gilingan

dat Nudelholt

alat pembuka botol

de Proppentrecker

kaleng

de Doos

pembuka kaleng

de Dosenaapner

pegangan panci

de Pottlappen

wastafel

dat Waschbecken

sikat

de Böst

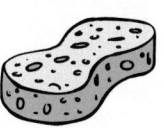

busa

de Swamm

mesin pencampur

de Mixer

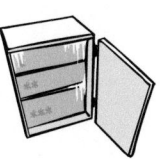

lemari es

dat Iesschapp

botol bayi

de Nuckelbuddel

keran

de Waterhahn

kamar mandi
de Baadstuuv

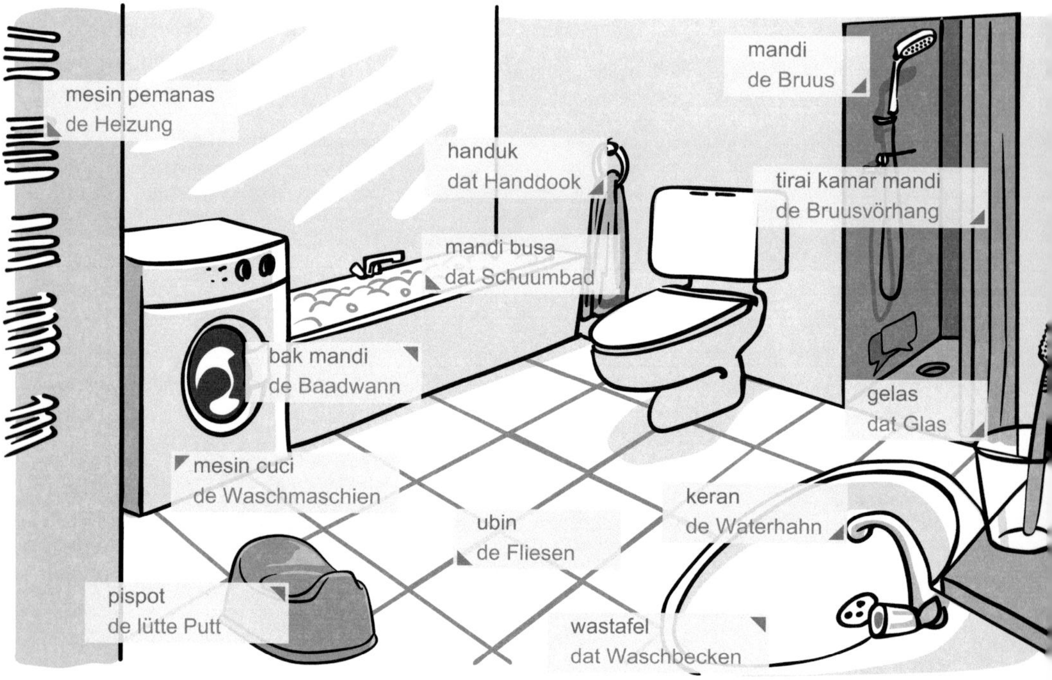

mandi
de Bruus
mesin pemanas
de Heizung
handuk
dat Handdook
tirai kamar mandi
de Bruusvörhang
mandi busa
dat Schuumbad
bak mandi
de Baadwann
gelas
dat Glas
mesin cuci
de Waschmaschien
keran
de Waterhahn
ubin
de Fliesen
pispot
de lütte Putt
wastafel
dat Waschbecken

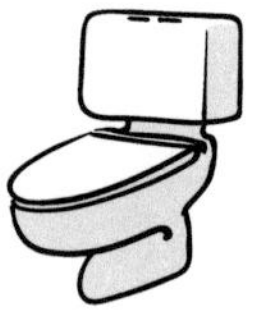

toilet

de Tante Meier

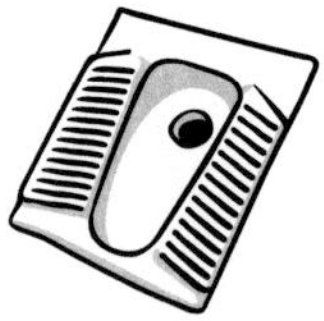

toilet jongkok

de Hockklo

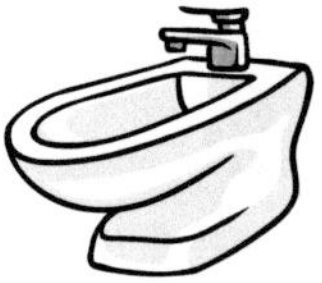

bidet

dat Bidet

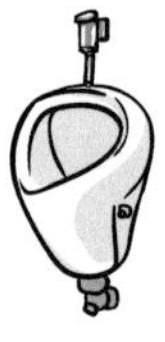

pissoir

dat Miegbecken

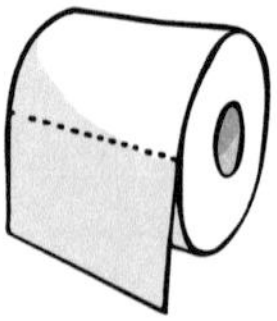

kertas toilet

dat Klopapeer

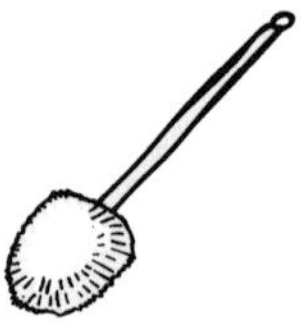

sikat toilet

de Kloböst

sikat gigi

de Tähnböst

pasta gigi

de Tähnpast

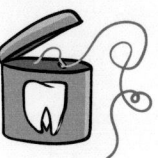

benang gigi

de Tähnsied

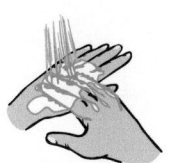

menyuci

waschen

pancuran tangan

de Handbruus

pancuran

de Intimbruus

bak

de Waschschöttel

sikat punggung

de Rüchböst

sabun

de Seep

gel mandi

dat Bruusgeel

sampo

dat Hoorwaschmiddel

planel

de Waschlappen

kuras

de Afloop

krim

de Creme

deodoran

dat Deodorant

kaca

de Spegel

cermin tangan

de Kosmetikspegel

pisau cukur

de Raserer

busa cukur

de Raseerschuum

aftershave

dat Raseerwater

sisir

de Kamm

sikat

de Böst

alat pengering rambut

de Hoordröger

semprot rambut

dat Hoorspray

makeup

de Smink

lipstik

de Lippensticken

cat kuku

de Nagellack

kapas

de Watt

gunting kuku

de Nagelscheer

minyak wangi

dat Rüükwater

kantong pencuci

de Kulturbüdel

bangku

de Schemel

timbangan

de Waag

mantel mandi

de Baadmantel

sarung tangan karet

de Gummihanschen

tampon

de Tampon

handuk pembalut

de Damenbinn

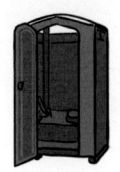

toilet kimia

dat Chemieklo

kamar anak

de Kinnerstuuv

jam alarm
de Wecker
boneka tidur
dat Knudeldeert
mobil-mobilan
dat Speeltüüchauto
kelintung
de Klöter
rumah boneka
dat Poppenhuus
kado
dat Geschenk

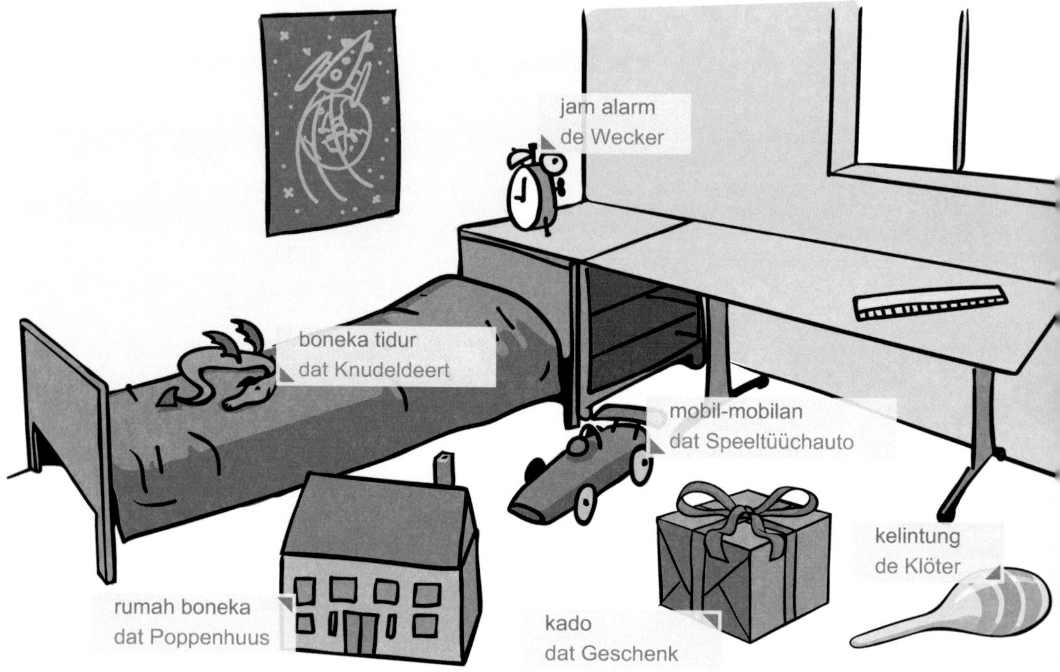

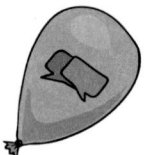

balon
de Luftballon

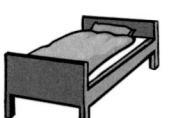

tempat tidur
de Puuch

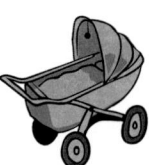

kereta bayi
de Kinnerwagen

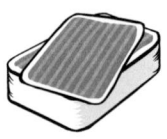

mainan kartu
dat Koortenspeel

teka-teki
dat Puzzle

SUPER MEGA

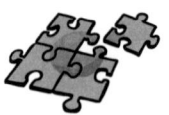

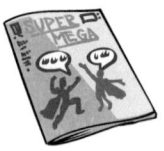

komik
de Billergeschicht

mainan lego

de Legostenen

blok mainan

de Bustenen

figur aksi

de Action-Figur

baju monyet

de Strampelantog

frisbee

de Frisbeeschiev

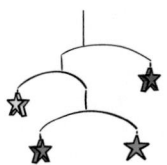

mobile

dat Mobile

permainan papan

dat Brettspeel

dadu

de Wörpel

set model kreta api

de Modelliesenbahn

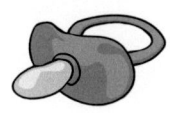

dot

de Snuller

pesta

de Party

buku gambar

dat Billerbook

bola

de Ball

boneka

de Popp

bermain

spelen

tempat main pasir

de Sandkassen

ayunan

de Schuckel

mainan

dat Speeltüüch

video game konsol

de Speelkonsool

sepeda roda tiga

dat Dreerad

teddy

de Teddyboor

lemari pakaian

dat Klederschapp

pakaian

dat Tüüch

kaos kaki

de Socken

kaos kaki

de Strümp

baju ketat

de Strumpbüx

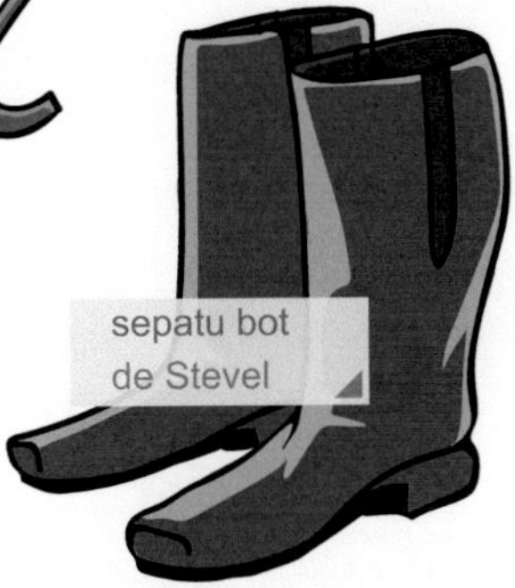

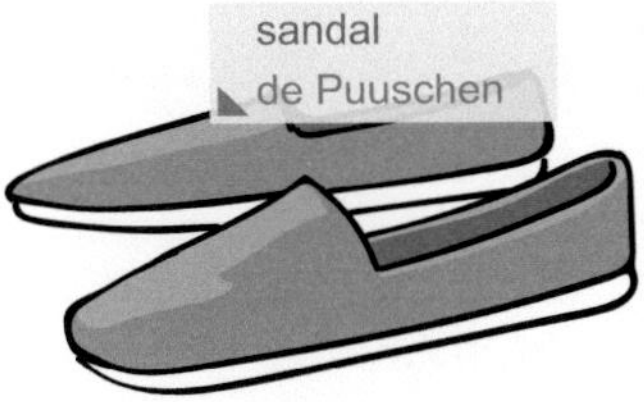

syal
dat Halsdook

sabuk
de Liefreem

payung
de Paraplü

kaos
dat T-Shirt

sepatu bot
de Stevel

sandal
de Puuschen

sepatu
de Turnschoh

sandal
de Sandalen

sepatu
de Schoh

sepatu bot karet
de Gummistevel

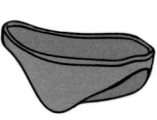

celana dalam
de Ünnerbüx

BH
de Bostholler

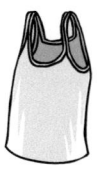

baju rompi
dat Ünnerhemd

body

de Lief

celana

de Büx

jeans

de Jeansnüx

rok

de Rock

blus

de Bluus

kemeja

dat Hemd

aket berkerudung

de Pullover

sweater

de Kapuzenpullover

jaket

de Blazer

jaket

de Jack

mantel

de Mantel

jas hujan

de Övertrecker

kostum

dat Kostüm

gaun

dat Kleed

gaun pengantin

dat Hochtietskleed

setelan resmi

de Antog

gaun tidur

dat Nachtkleed

piyama

de Slaapantog

sari

de Sari

jilbab

dat Koppdook

turban

de Turban

burka

de Burka

kaftan

de Kaftan

abaya

de Abaya

pakaian renang

de Baadantog

celana renang

de Baadbüx

celana pendek

de Korte Büx

olah raga

de Antog to'n Öven

celemek

de Schört

sarung tangan

de Handschoh

kancing

de Knopp

kacamata

de Brill

gelang

dat Armband

kalung

de Halskeed

cincin

de Ring

anting

de Ohrbummel

topi

de Mütz

gantungan mantel

de Klederbögel

topi

de Hoot

dasi

de Binner

ritsleting

de Rietslüter

helm

de Helm

tali selempang

dat Drachtband

seragam sekolah

de Schooluniform

seragam

de Uniform

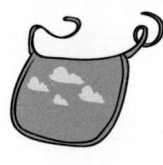

oto

de Severböten

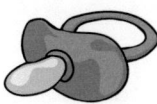

dot

de Snuller

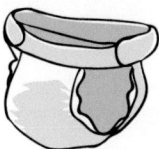

popok

de Winnel

kantor

dat Büro

server
de Server
lemari arsip
dat Aktenschapp
pencetak
de Drucker
ertas
at Papeer
layar
de Bildschirm
mouse komputer
de Muus
meja kerja
de Schrievdisch
tempat pengarsipan
de Orner
papan tombol
dat Knoopboord
kursi
de Stohl
tempat sampah
de Papeerkorf
computer
de Computer

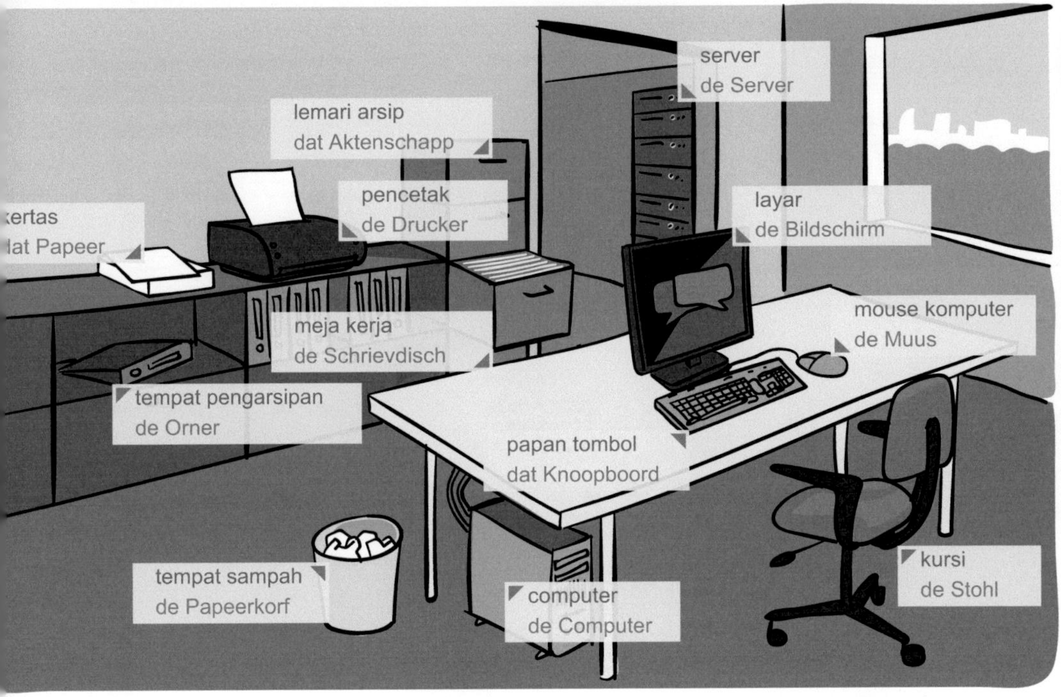

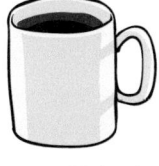

cangkir kopi

de Koffiebeker

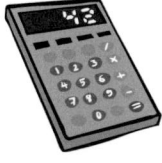

kalkulator

de Taschenreekner

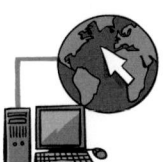

internet

dat Internet

laptop

de Klappreekner

surat

de Breef

pesan

de Naricht

telepon seluler

de Ackersnacker

jaringan

dat Nettwark

fotokopi

de Kopeerapparat

software

de Software

telepon

de Klöönkassen

plug soket

de Steekdoos

mesin fax

de Faxapparat

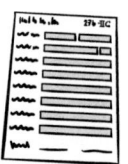

formulir

dat Formulor

dokumen

dat Dokument

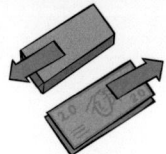

membeli

köpen

membayar

betahlen

berdagang

hanneln

uang

dat Geld

Dollar

de Dollar

Euro

de Euro

Yen

de Yen

Rubel

de Ruvel

Franc Swiss

de Swiezer Franken

Renminbi Yuan

de Renminbi Yuan

Rupiah

de Rupie

ATM

de Geldautomat

kantor pertukaran mata uang
de Wesselstuuv

emas
dat Gold

perak
dat Sülver

minyak
dat Ööl

energi
de Energie

harga
de Pries

kontrak
de Verdrag

pajak
de Stüer

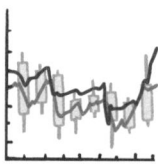

saham
de Andeelschien

bekerja
arbeiden

karyawan
de Anstellte

majikan
de Arbeitgever

pabrik
de Fabrik

toko
de Hökerie

pekerjaan
de Profeschonen

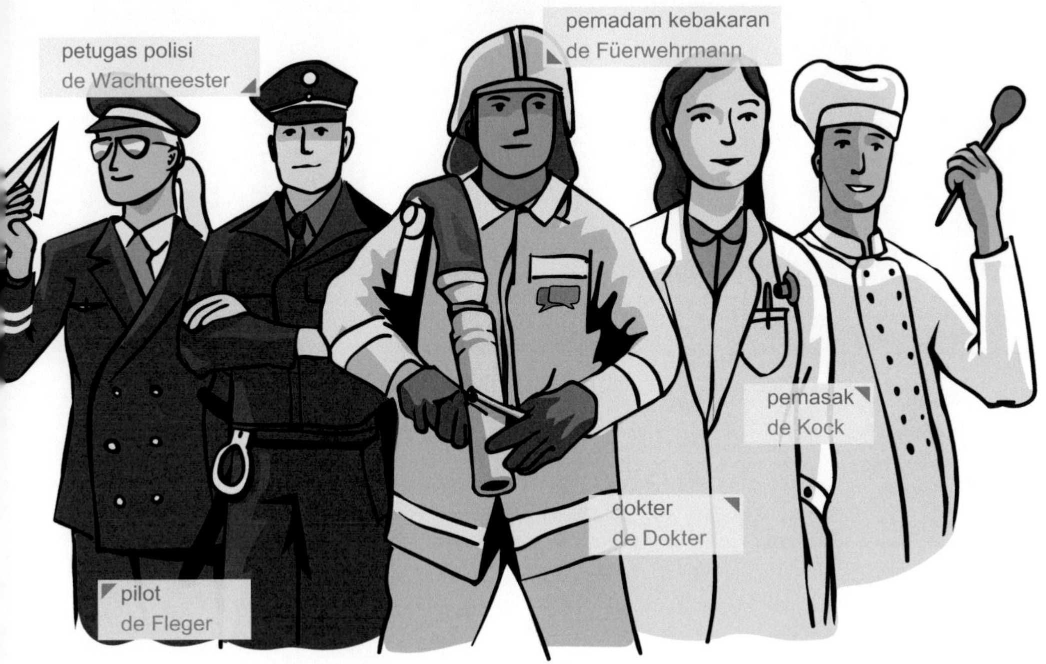
petugas polisi
de Wachtmeester
pemadam kebakaran
de Füerwehrmann
pemasak
de Kock
dokter
de Dokter
pilot
de Fleger

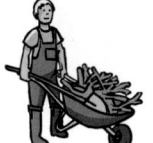

tukan kebun
de Goorner

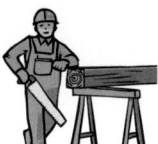

tukang kayu
de Discher

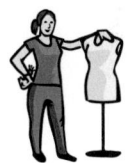

penjahit wanita
de Neihersche

hakim
de Richter

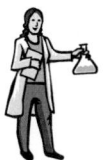

ahli kimia
de Chemiker

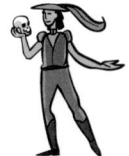

aktor
de Schauspeler

sopir bis

de Busfohrer

sopir taksi

de Taxifohrer

nelayan

de Fischer

pembantu

de Reinmaakfru

tukang atap

de Dackdecker

pelayan

de Kellner

pemburu

de Jäger

pelukis

de Maler

tukang roti

de Bäcker

tukang listrik

de Elektriker

pembangun

de Buarbeider

insinyur

de Ingenieur

tukang daging

de Slachter

tukang ledeng

de Klempner

tukang pos

de Postbüdel

tentara

de Suldat

arsitek

de Architekt

kasir

de Kasserer

penjual bunga

de Florist

penata rambut

de Putzbüdel

konduktor

de Schaffner

montir

de Mechaniker

kapten

de Kaptein

dokter gigi

de Tähndokter

ilmuwan

de Wetenschopler

rabbi

de Rabbi

imam

de Imam

biarawan

de Mönk

pendeta

de Paap

alat

dat Warktüüch

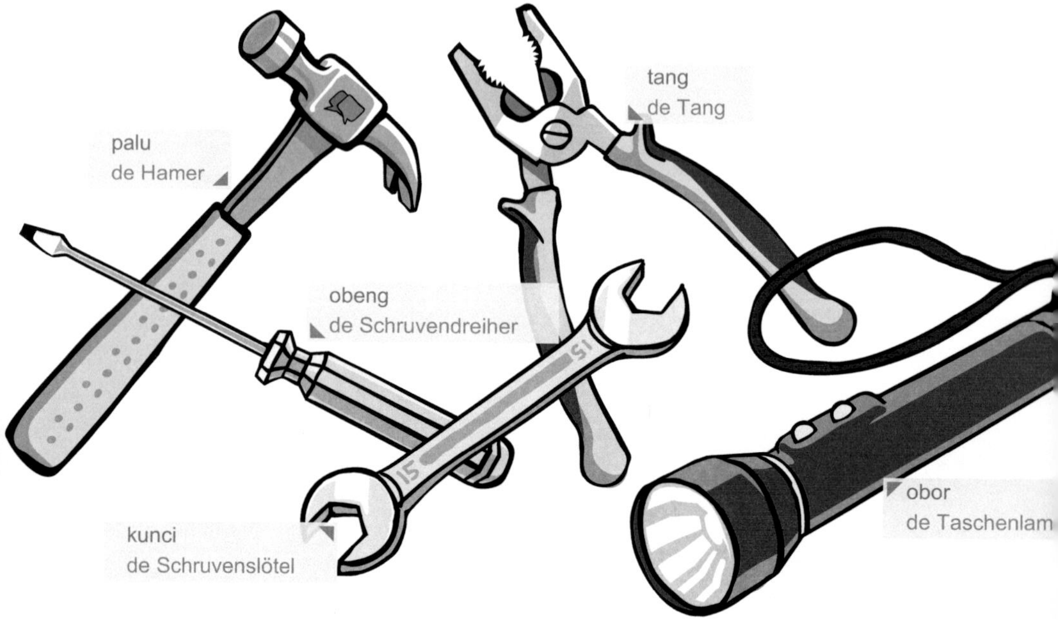

palu
de Hamer
tang
de Tang
obeng
de Schruvendreiher
kunci
de Schruvenslötel
obor
de Taschenlam

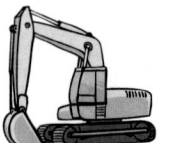

penggali

de Grieper

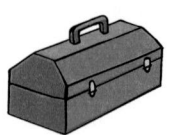

tas perkakas

de Warktüüchkassen

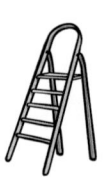

tangga

de Ledder

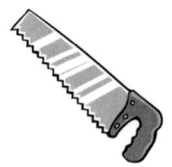

gergaji

de Saag

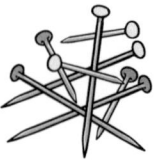

paku

de Nagels

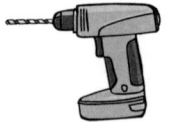

bor

de Bohrer

perbaikan
heelmaken

sekop
de Schüffel

Sialan!
Schiet!

cikrak
dat Kehrblick

pot cat
de Farvpott

sekrup
de Schruven

alat musik
de Musikinstrumenten

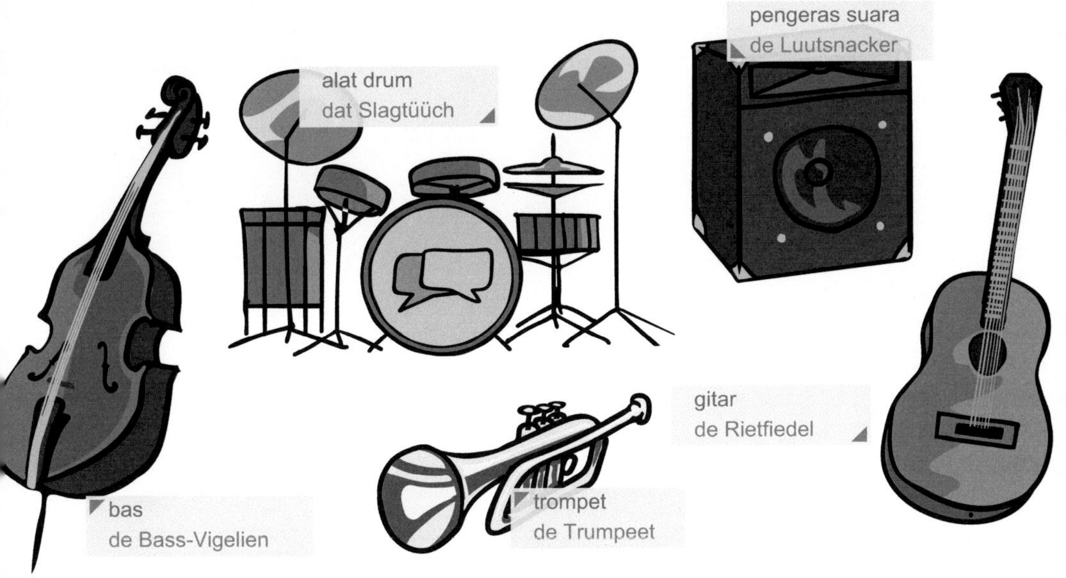

alat drum
dat Slagtüüch

pengeras suara
de Luutsnacker

gitar
de Rietfiedel

bas
de Bass-Vigelien

trompet
de Trumpeet

piano

dat Klaveer

violin

de Vigelien

bass

de Bass

tambur

de Pauk

drum

de Trummeln

keyboard

dat Keyboard

saksofon

dat Saxophon

suling

de Fleut

mikrofon

dat Mikrofoon

alat musik - de Musikinstrumenten

kebun binatang
de Deertenpark

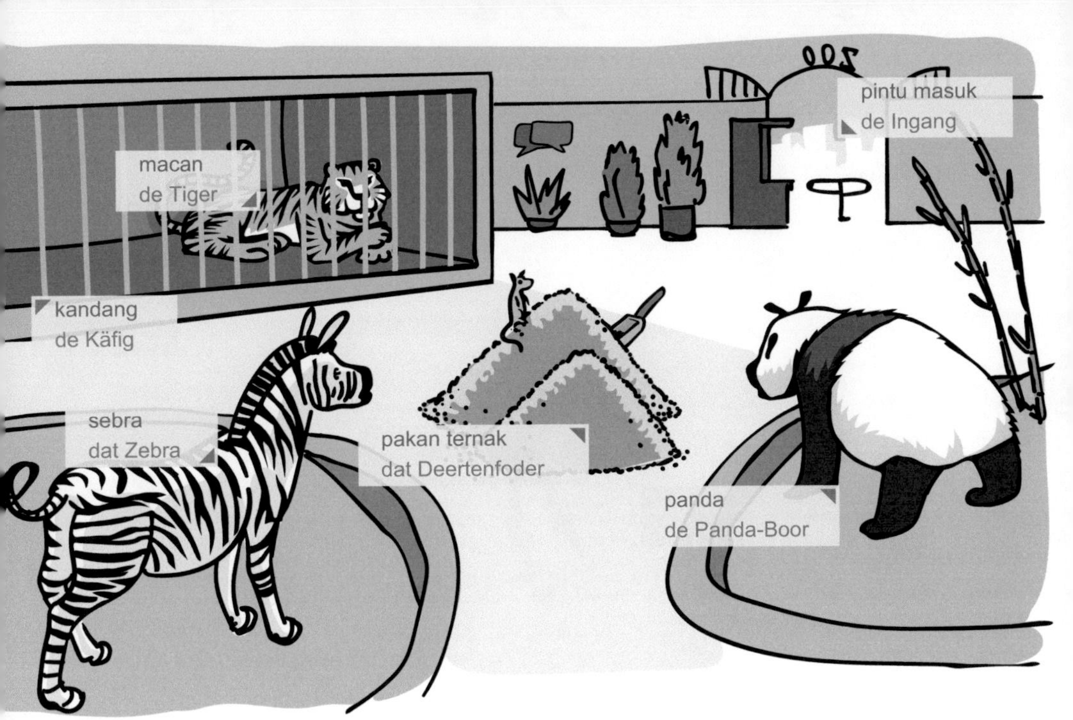
pintu masuk
de Ingang
macan
de Tiger
kandang
de Käfig
sebra
dat Zebra
pakan ternak
dat Deertenfoder
panda
de Panda-Boor

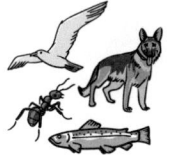

hewan
de Deerten

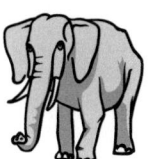

gajah
de Elefant

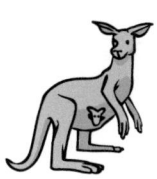

kanguru
dat Känguru

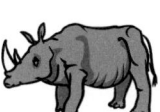

badak
dat Neeshoorn

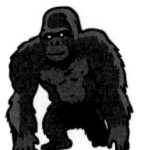

gorila
de Gorilla

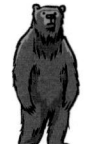

beruang
de Boor

unta

dat Kameel

burung unta

de Struuß

singa

de Lööv

monyet

de Aap

flamingo

de Flamingo

burung beo

de Papagoi

beruang polar

de Iesboor

penguin

de Pinguin

hiu

de Haifisch

merak

de Pageluun

ular

de Slang

buaya

dat Krokodil

penjaga kebun binatang

de Oppasser in'n
Deertenpark

segel

de Saalhund

jaguar

de Jaguor

kuda poni

dat Pony

macan tutul

de Leopard

kuda nil

dat Nilpeerd

jerapah

de Giraff

burung elang

de Aadler

babi jantan

dat Wildswien

ikan

de Fisch

kura-kura

de Schildkrööt

anjing laut

dat Walross

rubah

de Voss

kijang

de Gazell

american football
de Amerikaansch Football

naik sepeda
dat Radfohren

tennis
dat Tennis

basketbal
de Korfball

bernang
dat Swümmen

tinju
dat Boxen

hoki es
dat Ieshockey

sepak bola
de Football

badminton
dat Fedderball

atletik
de Leichtathletik

bola tangan
de Handball

main ski
dat Skilopen

polo
dat Polo

aktivitas
de Aktivitäten

ketawa
lachen
meloncat
springen
memeluk
ümarmen
berjalan
gahn
menyanyi
singen
mengimpi
drömen
berdoa
beden
mencium
snuteln

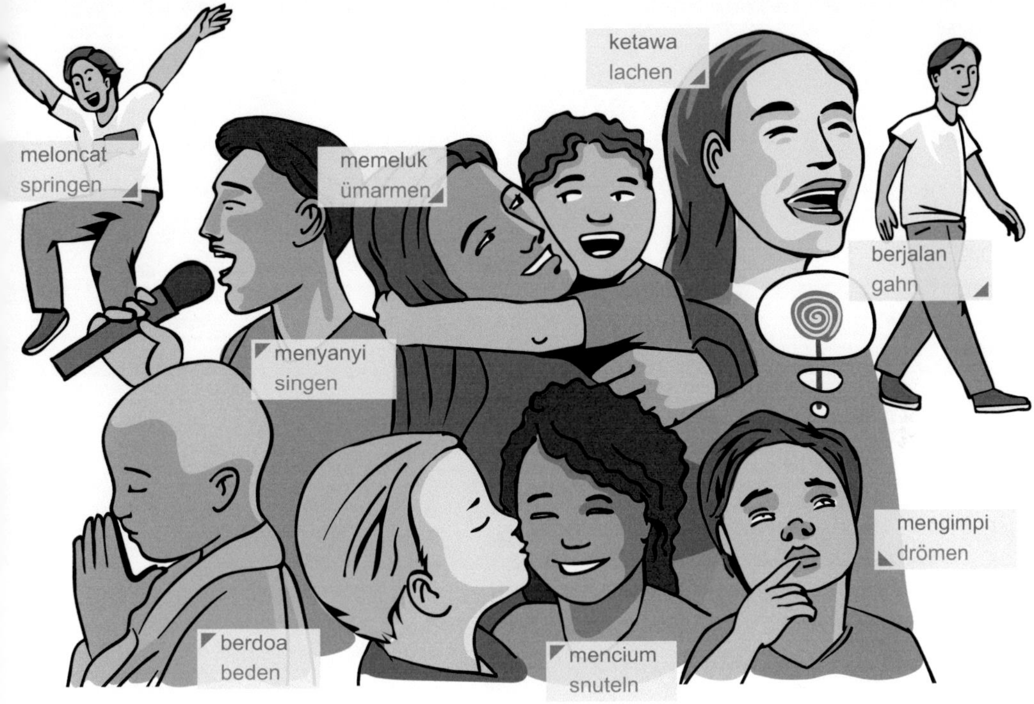

menulis

schrieven

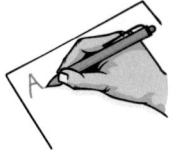

melukis

teken

menunjuk

wiesen

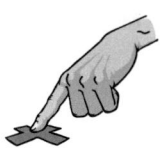

mendorong

drücken

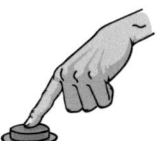

memberikan

geven

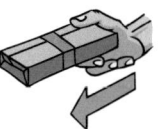

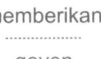

mengambil

nehmen

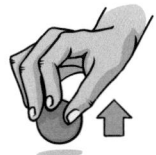

mempunyai

hebben

melakukan

doon

adalah

sien

berdiri

stahn

berlari

lopen

menarik

trecken

melempar

smieten

jatuh

fallen

tidur

liggen

menunggu

töven

membawa

dregen

duduk

sitten

berpakaian

antrecken

tidur

slapen

bangun

opwaken

melihat

ankieken

menangis

wenen

mengelus

eien

menyisir

kämmen

berbicara

snacken

mengerti

verstahn

menanyak

fragen

mendengar

hören

minum

drinken

makan

eten

merapikan

oprümen

cinta

leefhebben

memasak

kaken

menyetir

fohren

terbang

flegen

berlayar

segeln

menghitung

reken

membaca

lesen

belajar

lehren

bekerja

arbeiden

menikah

de Plünnen tohoopsmieten

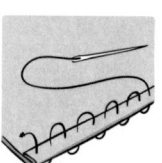

menjahit

neihen

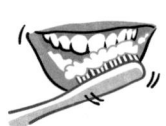

sikat gigi

Tähnen putzen

membunuh

dootmaken

merokok

smöken

kirim

schicken

keluarga
de Familje

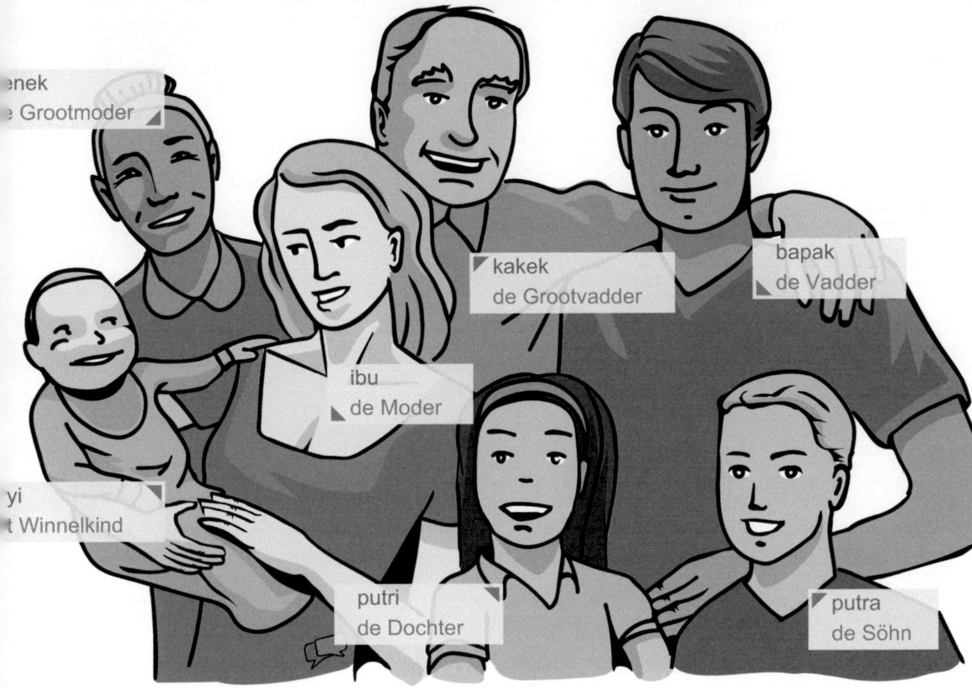

nek
e Grootmoder
kakek
de Grootvadder
bapak
de Vadder
ibu
de Moder
yi
t Winnelkind
putri
de Dochter
putra
de Söhn

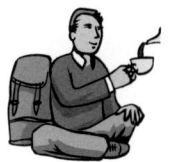

tamu

de Gast

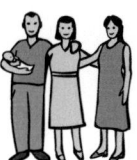

bibi

de Tant

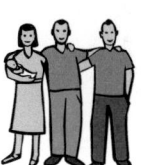

paman

de Unkel

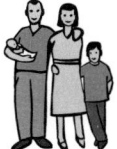

kakak laki

de Broder

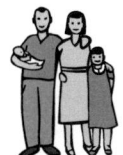

kakak perempuan

de Süster

badan
de Lief

dahi
de Vörkopp
mata
dat Oog
bahu
de Schuller
jari
de Finger
muka
dat Gesicht
dagu
dat Kinn
tangan
de Hand
kaki
dat Been
payudara
de Bost
lengan
de Arm

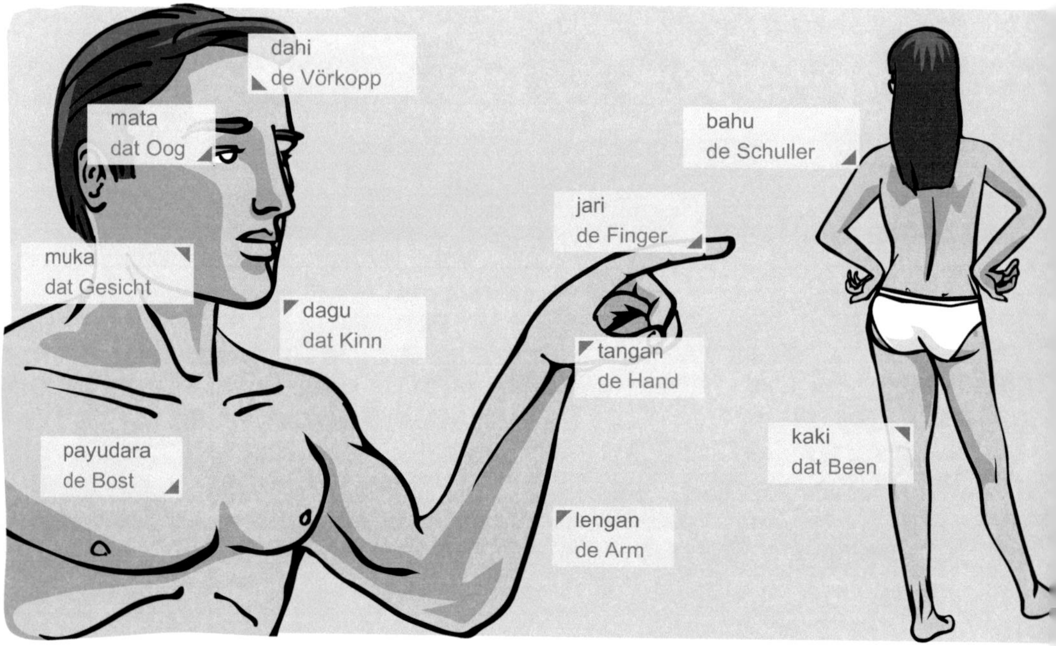

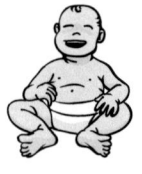

bayi
dat Winnelkind

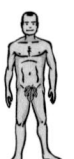

pria
de Mann

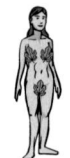

wanita
de Fro

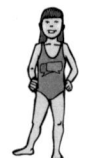

perempuan
de Deern

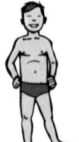

laki
de Jung

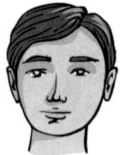

kepala
de Arm

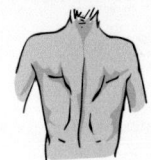

punggung

de Rüch

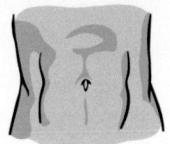

perut

de Buuk

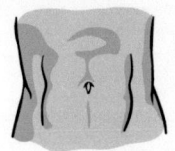

pusar

de Navel

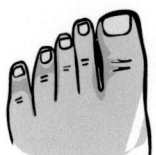

toe

de Teh

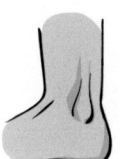

tumit

de Hack

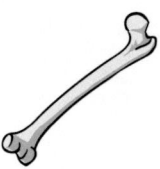

tulang

de Knaken

pinggang

de Hüft

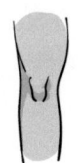

lutut

dat Knee

siku

de Ellbagen

hidung

de Nees

pantat

de Achtersen

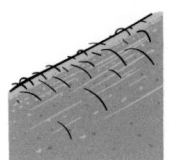

kulit

de Huut

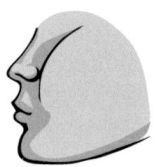

pipi

de Back

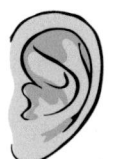

telinga

dat Ohr

bibir

de Lipp

badan - de Lief

mulut

de Mund

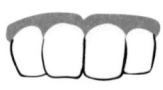

gigi

de Tähn

lidah

de Tung

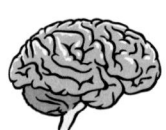

otak

de Bregen

jantung

dat Hart

otot

de Muskel

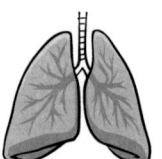

paru-paru

de Lung

hati

de Lever

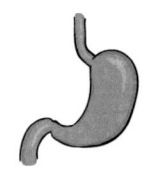

stomach

de Maag

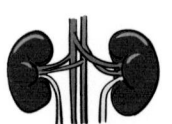

ginjal

de Neren

hubungan seks

de Bislaap

kondom

dat Kondoom

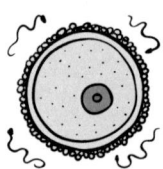

sel telur

de Eizell

sperma

dat Sperma

kehamilan

de Anner Ümstänn

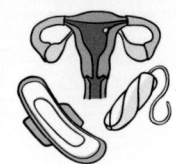

menstruasi

de Menstruatschoon

vagina

de Scheed

penis

de Pint

alis

de Ogenbroe

rambut

dat Hoor

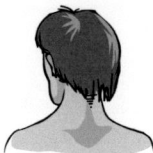

leher

de Hals

rumah sakit
dat Krankenhuus

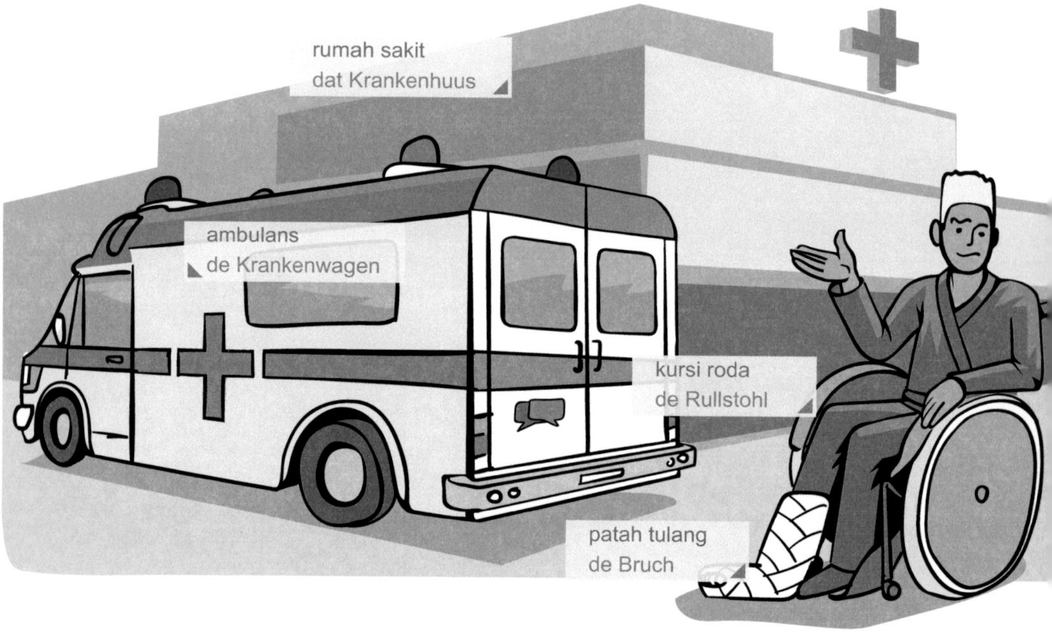

rumah sakit
dat Krankenhuus
ambulans
de Krankenwagen
kursi roda
de Rullstohl
patah tulang
de Bruch

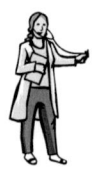

dokter

de Dokter

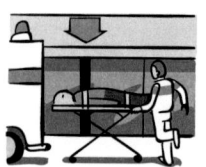

ruang darurat

de Nootopnahm

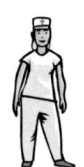

perawat

de Krankensüster

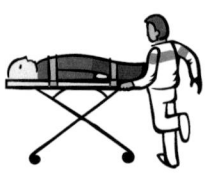

darurat

de Nootfall

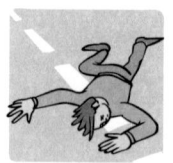

semaput

ahnmächtig

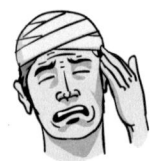

sakit

de Wehdaag

cedera

de Verwunnen

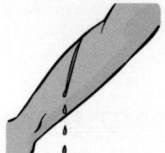

perdarahan

de Blöden

serangan jantung

de Hartinfarkt

stroke

de Slaganfall

alergi

de Allergie

batuk

de Hoosten

demam

dat Fever

flu

de Gripp

diare

de Dörchfall

sakit kepala

de Koppwehdaag

kanker

de Kreeft

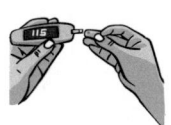

diabetes

de Zuckersüük

ahli bedah

de Chirurg

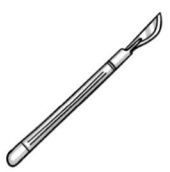

pisau bedah

dat Chirurgsch Mess

operasi

de Operatschoon

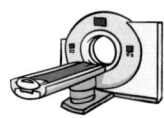

CT

dat CT

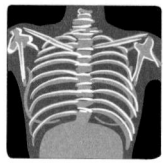

sinar x

de Dörchlüchten

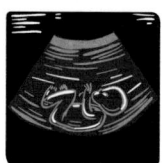

usg

de Ultraschall

topeng

de Mask

penyakit

de Krankheit

ruang tunggu

de Töövruum

penyokong

de Krück

plester

dat Plaaster

perban

de Verband

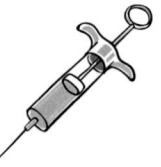

injeksi

de Insprütten

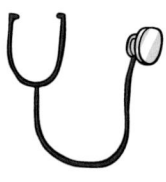

stetoskop

dat Stethoskop

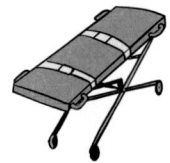

usungan

de Draag

termometer klinis

dat Feverthermometer

kelahiran

de Geboort

kelebihan berat badan

dat Övergewicht

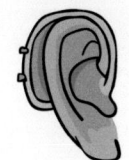

alat pendengar

de Höörapparat

desinfektan

dat Kiemfriemiddel

infeksi

de Ansteken

virus

de Virus

HIV / AIDS

dat HIV / AIDS

obat

dat Heelmiddel

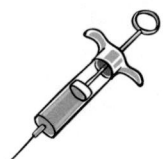

vaksinasi

de Impen

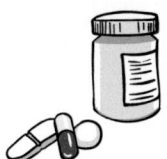

tablet

de Tabletten

pil

de Pill

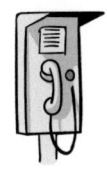

panggilan darurat

de Nootroop

ukur tekanan darah

de Blootdruck-Meter

sakit / sehat

krank / gesund

Tolong!

Hölp!

alarm

de Alarm

penyerbuan

de Överfall

serangan

de Angreep

bahaya

de Gefohr

pintu darurat

de Nootutgang

Api!

dat Füer!

alat pemadam kebakaran

de Füerlöscher

kecelakaan

de Unfall

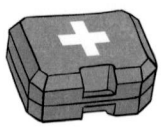

kit pertolongan pertama

de Noothölpkoffer

SOS

SOS

polisi

de Polizei

Eropa

Europa

Amerika Utara

Noordamerika

Amerika Selatan

Süüdamerika

Afrika

Afrika

Asia

Asien

Australi

Australien

Atlantik

de Atlantik

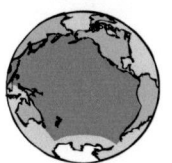

Pasifik

de Pazifik

Samudra India

dat Indisch Weltmeer

Samudra Antartika

dat Antarktisch Weltmeer

Samudra Arktik

dat Arktisch Weltmeer

kutub utara

de Noordpol

kutub selatan

de Süüdpol

Antarktika

de Antarktis

bumi

de Eerd

tanah

dat Land

laut

de See

pulau

dat Eiland

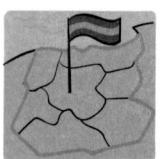

bangsa

de Natschoon

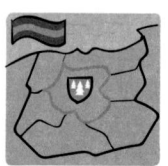

negara

de Staat

jam wajah

dat Tallenblatt

jarum pendek

de Stunnenwieser

jarum menit

de Minutenwieser

jarum detik

de Sekunnenwieser

Jam berapa?

Wo laat is dat?

hari

de Dag

waktu

de Tiet

sekarang

nu

jam digital

de digetaalsch Klock

menit

de Minuut

jam

de Stunn

minggu
de Week

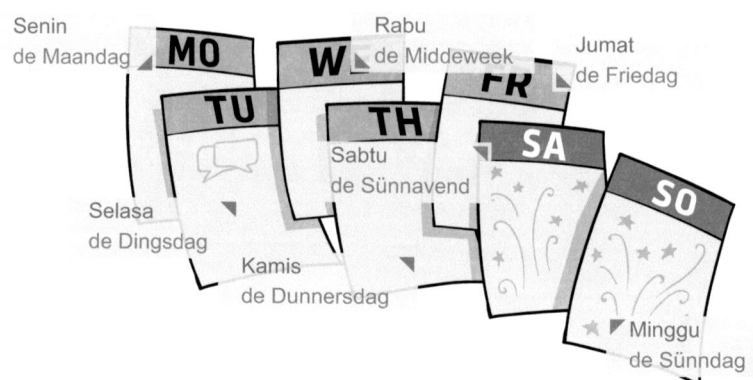

Senin
de Maandag

Rabu
de Middeweek

Jumat
de Friedag

Selasa
de Dingsdag

Sabtu
de Sünnavend

Kamis
de Dunnersdag

Minggu
de Sünndag

kemaren

güstern

hari ini

hüüt

besok

morgen

pagi

de Morgen

siang

de Meddag

malam

de Avend

hari kerja

de Arbeitsdaag

akhir minggu

dat Wekenenn

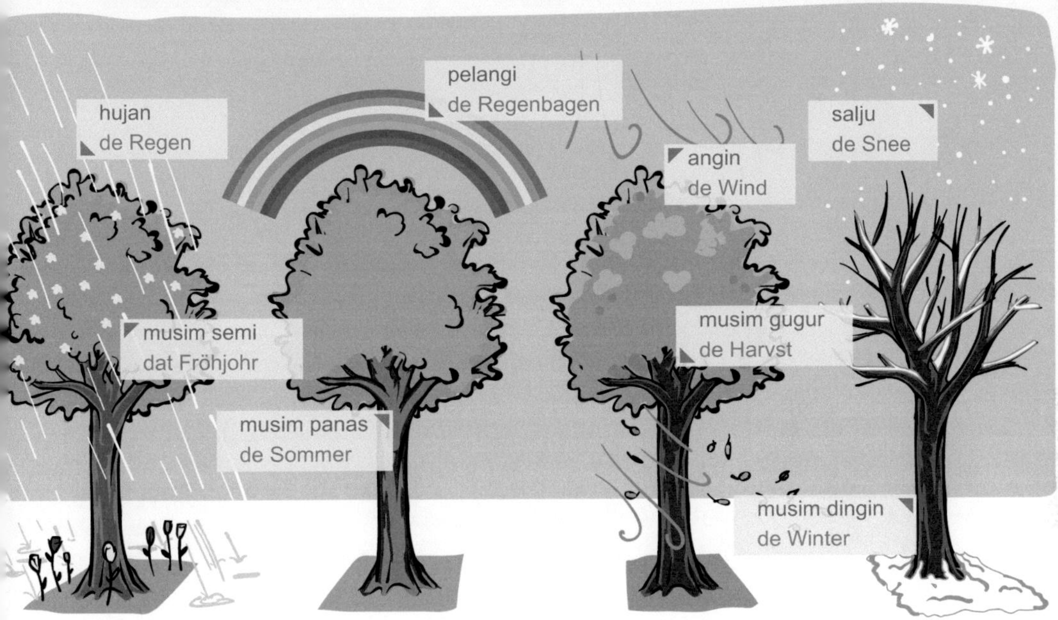

hujan
de Regen

pelangi
de Regenbagen

salju
de Snee

angin
de Wind

musim semi
dat Fröhjohr

musim gugur
de Harvst

musim panas
de Sommer

musim dingin
de Winter

ramalan cuaca
de Wedervörhersaag

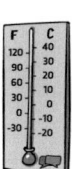

termometer
dat Thermometer

matahari
de Sünnenschien

awan
de Wulk

kabut
de Nevel

kelembahan
de Luftfuchtigkeit

kilat

de Blitz

guntur

de Dunner

badai

de Storm

hujan es

de Hagel

monsun

de Monsun

banjir

de Floot

es

dat Ies

Januari

de Januormaand

Februari

de Februormaand

Maret

de Martmaand

April

de Aprilmaand

Mei

de Maimaand

Juni

de Junimaand

Juli

de Julimaand

Agustus

de Augustmaand

September
de Septembermaand

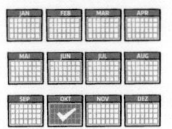

Oktober
de Oktobermaand

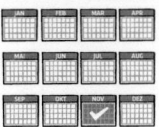

November
de Novembermaand

Desember
de Dezembermaand

bentuk

de Formen

lingkaran
de Krink

persegi
dat Quadrat

persegi panjang
dat Rechteck

segi tiga
dat Dreeeck

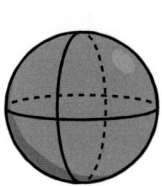

bola
de Kugel

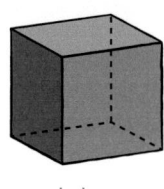

kubus
de Wörpel

warna-warna
de Farven

putih

witt

kuning

geel

oranye

orangsch

pink

pink

merah

root

ungu

lila

biru

blau

hijau

gröön

coklat

bruun

abu-abu

gries

hitam

swart

banyak / sedikit

veel / wenig

marah / tenang

böös / verdreeglich

cantik / jelek

smuck / mies

mulaih / selesai

de Begünn / dat Enn

besar / kecil

groot / lütt

terang / gelap

hell / düüster

saudara laki-laki / saudara perempuan

de Broder / de Süster

bersih / kotor

schier / schietig

lengkap / tidak lengkap

kumpleet / nich kumpleet

hari / malam

de Dag / de Nacht

mati / hidup

doot / lebennig

luas / sempit

breet / small

dapat dimakan / tidak dapat dimakan

geneetbor / nich geneetbor

jahat / baik

böös / fründlich

bersemangat / bosan

fickerig / langwielt

gemuk / kurus

dick / dünn

pertama / terakhir

toeerst / toletzt

teman / musuh

de Fründ / de Fiend

penuh / kosong

vull / leddig

keras / lembut

hart / week

berat / enteng

swoor / licht

lapar / haus

de Smacht / de Döst

sakit / sehat

krank / gesund

ilegal / legal

nich na't Recht / na't Recht

cerdas / bodoh

klook / dummerhaftig

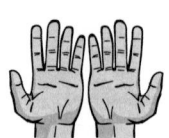

kiri / kanan

linkerhand / rechterhand

dekat / jauh

neeg / feern

baru / bekas

nieg / bruukt

tidak ada apapun / sesuatu

nix / wat

tua / muda

oolt / jung

nyala / mati

an / ut

buka / tutup

apen / slaten

tenang / keras

lies / luut

kaya / miskin

riek / arm

benar / salah

richtig / verkehrt

kasar / halus

ruug / glatt

sedih / gembira

trurig / glücklich

pendek / panjang

kort / lang

pelan-pelan / cepat

suutje / flink

basah / kering

natt / dröög

hangat / sejuk

warm / köhl

perang / damai

de Krieg / de Freden

0

nol

null

1

satu

een

2

dua

twee

3

tiga

dree

4

empat

veer

5

lima

fief

6

enam

söss

7

tujuh

söven

8

delapan

acht

9

sembilan

negen

10

sepuluh

teihn

11

sebelas

ölven

12

duabelas

twölf

13

tigabelas

dörteihn

14

empatbelas

veerteihn

15

limabelas

föffteihn

16

enambelas

sössteihn

17

tujuhbelas

söventeihn

18

delapanbelas

achtteihn

19

sembilanbelas

negenteihn

20

duapuluh

twintig

100

seratus

hunnert

1.000

seribu

dusend

1.000.000

juta

million

Inggris

dat Engelsch

bahasa Inggris Amerika

dat Amerikaansch Engelsch

bahasa Cina Mandarin

dat Chineesch Mandarin

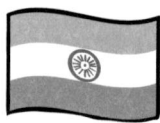

bahasa Hindi

dat Hindi

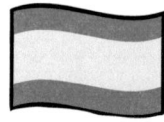

bahasa Spanyol

dat Spaansch

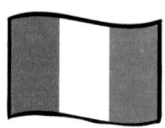

bahasa Perancis

dat Franzöösch

bahasa Arab

dat Araabsch

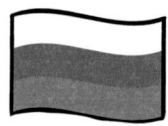

bahasa Rusia

dat Rusch

bahasa Portugis

dat Portugiesch

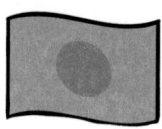

bahasa Bengal

dat Bengaalsch

bahasa Jerman

dat Düütsch

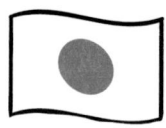

bahasa Jepang

dat Japaansch

saya

ik

kamu

du

dia

he / se / dat

kita

wi

kalian

ji

mereka

se

siapa?

keen?

apa?

wat?

begaimana?

woans?

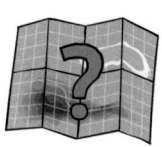

dimana?

woneem?

kapan?

wannehr?

nama

de Naam

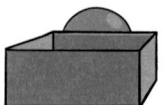

dibelakang

achter

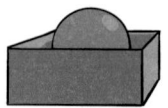

di

in

didepan

vör

diatas

över

diatas

op

dibawah

ünner

sebelah

blangen

di antara

twüschen

tempat

de Oort